MODEL WZROSTU GREINERA DLA ZMIAN ORGANIZACYJNYCH

KLUCZOWE INFORMACJE

- **Nazwy:** Model wzrostu Greinera, Model wzrostu organizacyjnego Greinera.

- **Zastosowania:** Zarządzanie kryzysami w firmie, określanie strategii i modelowanie wzrostu organizacji.

- **Dlaczego jest to sukces?**

  - Model ma charakter teoretycznie predykcyjny. W zależności od sektora działalności firmy i zmian czynników otoczenia pozwala użytkownikom zlokalizować i przewidzieć kolejny kryzys (zmianę strukturalną lub funkcjonalną), z którym organizacja będzie musiała się zmierzyć.

  - Pozwala użytkownikom zidentyfikować pewne wskaźniki z przeszłości organizacji, które są krytyczne dla jej przyszłego sukcesu.

  - Dzięki niemu łatwiej zrozumieć, jak działają szybko rozwijające się firmy (startupy).

- **Słowa kluczowe:**

- <u>Zmiana organizacyjna</u>: Proces transformacji struktury w danym kontekście.

- <u>Cykl życia organizacji</u>: Wszystkie fazy, od powstania do ewentualnego zakończenia, przez które przechodzi przedsiębiorstwo.

WSTĘP

> *"Historia jakiejkolwiek części Ziemi, podobnie jak życie żołnierza, składa się z długich okresów nudy i krótkich okresów grozy."*

Ten cytat z brytyjskiego geologa Dereka V. Agera, przytoczony przez Stephena Jay Goulda (amerykański *paleontolog*, 1941-2002) w jego książce *Kciuk pandy* (1982), można by w pewnym sensie odnieść do ludzi i do przedsiębiorstw. Rzeczywiście, podobnie jak ludzie, przedsiębiorstwa są złożonymi organizacjami, które w trakcie swojego istnienia przechodzą różne zmiany. Zmiany te obejmują mniej lub bardziej znaczące okresy kryzysu, które mogą zagrozić samemu przetrwaniu organizacji.

W obliczu obecnej rzeczywistości gospodarczej, jaką jest globalizacja, wszystkie przedsiębiorstwa muszą zmierzyć się z wyzwaniem konkurencyjności. Przedsiębiorstwa, którym udaje się sprostać temu wyzwaniu, to te, które najlepiej zarządzają i przewidują czasy zmian oraz kolejne fazy rozwoju firmy.

W zależności od sektora działalności organizacji oraz od czynników środowiskowych model opracowany przez Larry'ego E. Greinera (amerykański naukowiec, ur. w 1933 r.) pozwala firmie zwizualizować, w jakiej fazie obecnie się znajduje i przewidzieć kolejny kryzys, z którym będzie musiała się zmierzyć, aby przekształcić go w szansę na nową fazę wzrostu.

HISTORIA

Teorie związane ze zmianami organizacyjnymi rozwijane są od okresu powojennego, są porównywane i kojarzone z trzema głównymi okresami gospodarczymi, które miały miejsce od 1945 roku (Desreumaux, 1996).

- Pierwszy okres rozpoczął się po wojnie, a zakończył na początku lat 70-tych. Odpowiada on fazie silnego wzrostu gospodarczego na świecie, w wyniku którego system znalazł się w stanie równowagi.

- Drugi okres rozpoczął się wraz z początkiem kryzysów naftowych lat 70. i trwał do kryzysu gospodarczego początku lat 80. To właśnie w tej fazie, charakteryzującej się wysoką śmiertelnością przedsiębiorstw i znacznymi zmianami organizacyjnymi, w 1972 roku pojawił się model wzrostu Greinera.

- Trzeci – i ostatni możliwy do zidentyfikowania okres – rozciąga się od początku lat 90. do chwili obecnej. Kontekst gospodarczy tej fazy ciągłych zmian charakteryzuje się turbulencją i nieprzewidywalnością.

DEFINICJA MODELU

Według Larry'ego E. Greinera, w trakcie swojego istnienia firma przechodzi przez pięć dobrze zdefiniowanych faz wzrostu przeplatanych pięcioma kluczowymi momentami zwanymi "kryzysami". Przejście z jednej

MODEL WZROSTU GREINERA DLA ZMIAN ORGANIZACYJNYCH

Przewidywanie kryzysów i dostosowywanie się do zmieniającego się świata korporacji

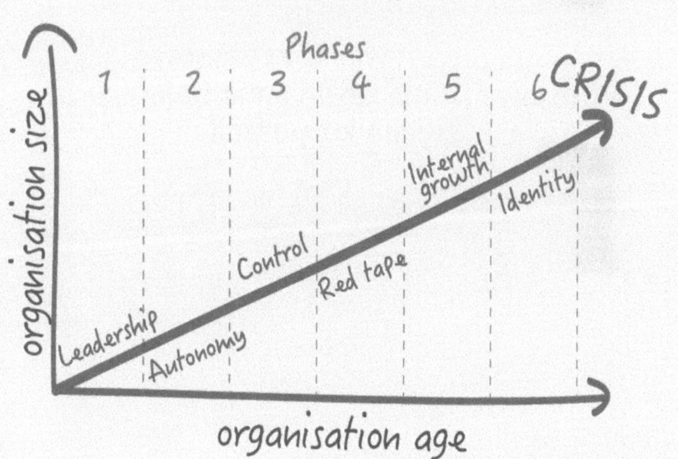

MODEL WZROSTU GREINERA DLA ZMIAN ORGANIZACYJNYCH

Przewidywanie kryzysów i dostosowywanie się do zmieniającego się świata korporacji

napisany przez Jean Blaise Mimbang
przetłumaczony przez Kâmil Kowalski

50MINUTES.com

fazy do drugiej odbywa się dzięki adaptacjom strukturalnym, które wyznaczają ewoluujący charakter systemu organizacyjnego.

Fazy zmian zależą od czynników wewnętrznych (wiek, wielkość, fazy wzrostu i rewolucji itp.) i zewnętrznych (konkurencja, położenie geograficzne, tempo wzrostu branży itp.) organizacji. Pięć faz wzrostu to:

- kreatywność;

- kierunek;

- delegowanie;

- koordynacja;

- współpraca.

Te fazy są potencjalnie przeplatane pięcioma kryzysami: przywództwa, autonomii, kontroli, biurokracji i wzrostu.

CYKLE ŻYCIA

W ten sam sposób, w jaki organizacja przechodzi przez fazy mniej lub bardziej znaczących zmian, które mogą zagrozić jej przetrwaniu w ciągu jej historii, człowiek rozwija się stopniowo w czasie, przechodząc jednocześnie okresy kryzysu, które mogą przynieść jego upadek.

Biologiczny cykl życia

Biologiczny cykl życia odpowiada okresowi, w którym odbywa się całe życie organizmu, począwszy od jego poczęcia. Ogólnie rzecz biorąc, biologiczny cykl życia zaczyna się od narodzin, po których następuje okres wzrostu, który prowadzi do dojrzałości, przed ostatecznym okresem spadku i, ostatecznie, śmierci. W zależności od badanego cyklu życia, terminologia jest inna, choć proces pozostaje porównywalny.

Możemy to zobrazować na przykładzie biologicznego cyklu życia człowieka:

- Po poczęciu następuje poród i dzieciństwo. Jest to "okres startowy".

- Następnie, nadchodzi okres dojrzewania, charakteryzujący się mnożeniem różnych doświadczeń w kręgu rodzinnym i poza nim, odpowiadający fazie zwanej "wzrostem". W tym czasie człowiek konstruuje swoją osobowość najlepiej jak potrafi, metodą prób i błędów: rozwija się i zdobywa codziennie nową wiedzę i umiejętności. Podczas tej fazy wzrostu odkrywają również swoje talenty i słabości, które prowadzą ich do wyboru zawodu, ale także uczucia i emocje, takie jak miłość. Wszystko to stanowi pozytywną zmianę w ich życiu.

- Wreszcie, nieuchronnie pojawiają się wydarzenia hamujące wzrost, takie jak przejście na emeryturę i starość, oznaczające przejście do fazy schyłku. Ten "rozkład" prowadzi do śmierci, która jest nieunikniona dla wszystkich żywych organizmów.

Biznes: seria cykli życia

Na pierwszy rzut oka może nam się wydawać, że firma ma tylko jeden cykl życia. Jednak wcale tak nie jest. Firma często znajduje się na rozdrożu, ponieważ doświadcza wielu różnych cykli życia, w tym materialnych cykli życia (cykl życia produktu, cykl życia technologii lub cykl życia marketingu), ludzkich i społecznych cykli życia (cykl życia personelu i cykl życia organizacji) oraz cyklu życia przedsiębiorstwa, którym zarządza samodzielnie.

- Koncepcja **cyklu życia produktu** jest regularnie stosowana wśród specjalistów od marketingu, ponieważ każdy produkt przechodzi swój własny cykl życia. Cykl ten ma zazwyczaj cztery fazy: wprowadzenie na rynek, wzrost, dojrzałość i upadek. Niektórzy analitycy dodają jednak piątą fazę, ponieważ przed wprowadzeniem produktu na rynek – podobnie jak w przypadku rozwoju embrionalnego u ludzi – firma przeprowadza badania rynku, produkuje prototypy itp. Ta dodatkowa faza jest fazą rozwoju i ma na celu zmniejszenie ryzyka niepowodzenia podczas wprowadzania produktu na rynek.

- **Cykl życia komercyjnego** jest podobny do cyklu życia produktu, z tą różnicą, że czwarta faza odpowiada potencjalnemu ponownemu wprowadzeniu na rynek.

- **Cykl życia technologii.** Podobnie jak produkty, technologia ma swój własny cykl życia, który obejmuje cztery fazy: wczesną technologię, technologię wschodzącą, technologię kluczową i technologię podstawową.

- **Cykl życia personelu.** W odniesieniu do personelu istnieje również cykl życia oparty na karierze poszczególnych pracowników. Cykl ten rozpoczyna się od rekrutacji, po której następuje wzrost (w tym szkolenia, awans itp.), dojrzałość (w tym momencie pracownik jest starszy, więc w perspektywie średnioterminowej konieczne będzie poszukiwanie zastępstwa), a kończy się spadkiem (zwolnienie, przejście na emeryturę itp.).

- **Cykl życia organizacji lub przedsiębiorstwa**, który Greiner przedstawia jako proces wzrostu w pięciu fazach.

ZMIANA ORGANIZACYJNA

Dla przypomnienia, zmiana organizacyjna jest definiowana poprzez odniesienie do danego kontekstu lub sytuacji. Można ją również zdefiniować w kontraście do ciągłości.

Modele wzrostu

Teorie dotyczące tempa zmian organizacyjnych uległy znacznej ewolucji od końca lat 50. XX wieku. Aby ułatwić analizę różnych typologii strukturalnych, możemy sięgnąć do wniosków Alaina Desreumaux (francuski naukowiec, ur. 1944) zawartych w książce *Nouvelles formes d'organisation et évolution de l'entreprise* (*Nowe formy organizacji i ewolucji przedsiębiorstwa*) z 1996 roku.

Autor wykorzystuje wymiary "poziomu kontroli graczy" (z rozróżnieniem na "determinizm" i "woluntaryzm") oraz "lokalizacji czynników" (wyróżnienie "endogenicznych" i "egzogenicznych" czynników zmiany; niektórzy teoretycy uważają, że otoczenie jest nie tylko motorem zmiany, ale także elementem selekcji w organizacjach).

Macierz Desreumaux stanowi przegląd głównych teorii odnoszących się do tempa zmian organizacyjnych.

- **Determinizm.** Głównymi cechami ruchów związanych z determinizmem są zdolność organizacji do inercji oraz potężna rola otoczenia w zmianie jej struktur. W istocie otoczenie działa jak narzędzie selekcji dla organizacji, które nie rozwinęły swojej elastyczności, a więc zdolności do przystosowania się do zmian. W tej szkole myślenia zmiana jest znoszona – zarówno przez pracowników, którzy mogą np. z dnia na dzień znaleźć się na zwolnieniu, jak i przez firmy, które nie mogą zapewnić sobie równowagi finansowej. Za główne przeszkody w reorganizacji firmy uważa się wymiary historyczne i kulturowe, naturalny ludzki opór wobec zmian, strach przed nieznanym itp. Ten neo-darwinowski pogląd stara się pokazać granice zdolności adaptacyjnych organizacji. Według jednego radykalnego poglądu uosabianego przez amerykańskich socjologów Michaela T. Hannana i Johna H. Freemana (1977), przywódcy nie mają żadnej kontroli nad otoczeniem, natomiast mniej deterministyczny pogląd popierany przez Jeffreya Pfeffera (specjalista od zachowań organizacyjnych, ur. 1946) i Geralda R. Salancika (teoretyk organizacji, 1943-1996) w 1978 r., przypisuje przywódcom symboliczną rolę w okresie zmian.

* **Wolontariat.** Ruch wolontariatu charakteryzuje się zdolnością uczestników do tworzenia dynamiki zmian w organizacji. Motorem zmian jest tu proaktywna rola kadry kierowniczej, która ma możliwość – i wolę – zmiany organizacji. Jej los jest w rękach kadry kierowniczej i tych, którzy mają władzę. Głównym przedstawicielem tej szkoły myślenia jest John Child (teoretyk zarządzania i organizacji, 1972). Zmiana organizacyjna postrzegana jest jako instrument kontrolowany przez kadrę kierowniczą, będący przedmiotem strategicznego proaktywnego przewidywania, prowadzonego w sposób stopniowy i ciągły. Władza strategiczna i organizacyjna opiera się na gotowości kierownictwa do zmian i jego zdolności do uznania ich za prawomocne: ten rodzaj kierownictwa jest obecnie określany jako "inspirujący lider". Do nurtu teorii wyboru strategicznego należą teorie planowania strategicznego Gerry'ego Johnsona (profesor zarządzania strategicznego, 1987) i Alaina-Charlesa Martineta (francuski profesor nauk o zarządzaniu i

zarządzania przedsiębiorstwem). Według tych dwóch autorów tempo zmian może przybrać rewolucyjny kierunek ze względu na zdolność lidera do narzucania terminów zmian w organizacji. Zmiana, a w konsekwencji przekształcenie struktur społecznych, jest wynikiem ciągłej interakcji pomiędzy różnymi jednostkami (inteligencja zbiorowa, która pozwala na rozważenie nowych rozwiązań). Można ją rozumieć jako "powtórzenie formułowania celów, rozwoju, modyfikacji i interakcji między aktorami"[1] (Giordano, 1995). Nie ma jednak stałej sekwencji i trudno jest przewidzieć lub określić okresy kryzysu w strukturze organizacji.

Rozwój organizacji

Ogólnie uważa się, że istnieją cztery fazy wyznaczające rozwój organizacji: faza stabilna i ciągła, faza wzrostu bez głębokich zmian, faza niekontrolowanych zmian i faza głębokich przekształceń organizacji.

- **Stabilność i ciągłość.**

- **Pojawienie się zmian inkrementalnych:** w tym okresie zmiany ciągłe pozwalają organizacji na ewolucję bez zaburzania całej jej struktury. Na podstawowe determinanty organizacji składają się głównie historia firmy, jej kultura oraz istniejąca struktura organizacyjna. Zmiany organizacyjne są inicjowane głównie przez czynniki endogeniczne. Fazy wzrostu zostały opisane jako fazy rewitalizacji przez kanadyjskich naukowców

---

1. Ten cytat został przetłumaczony przez 50Minutes.com.

Henry'ego Mintzberga i Frances Westley w 1992 roku. W przykładzie opracowanym przez Desreumaux odpowiada to okresowi wzrostu gospodarczego w latach 1945-1973.

- **Chaos.**

- **Rewolucja strukturalna:** rewolucyjne procesy zmian organizacyjnych często odpowiadają fazom dużej presji otoczenia zewnętrznego, które skłaniają organizacje do szybkiej ewolucji pod groźbą zniknięcia. Organizacja jest wtedy doprowadzona do granic możliwości przyjęcia zmian. Dla Desreumaux fazy te pojawiły się wraz ze wstrząsami gospodarczymi częściowo związanymi z kryzysami naftowymi z połowy lat 70-tych. Odpowiadają one fazom polegającym na kwestionowaniu modeli biznesowych, podstaw zarządzania organizacją oraz zasadniczej struktury organizacji. Ta ostatnia charakteryzuje się silnym oporem wobec zmian ze strony jednostek i grup jednostek.

Aby przejść przez tę rewolucyjną fazę, którą Mintzberg i Westley (1992) określili jako "okres zwrotu", organizacje będą musiały skupić się przede wszystkim na zarządzaniu dwoma kluczowymi elementami, a mianowicie kryzysem i sytuacją kryzysową. W tym momencie muszą one zniszczyć przeszłość, aby zbudować przyszłość.

OPÓR WOBEC ZMIAN

W czasach kryzysu zmiany mogą być odbierane przez jednostki jako dramatyczne wydarzenie. Jeśli komunikacja nie jest jasna, mogą one czuć się zagrożone, obawiać się niepewności i demonstrować swój spontaniczny sprzeciw (na przykład poprzez strajki). Opór wobec zmian jest naturalną reakcją jednostek, które starają się chronić siebie i w ten sposób bronią się przed kwestionowaniem równowagi i stabilności organizacji, które może zagrozić ich własnej funkcji i/lub legitymizacji. Wielu teoretyków, w tym Jeffrey Pfeffer i Gerald R. Salancik, wyjaśnia mechanizmy oporu wobec zmian (psychologiczne i społeczne mechanizmy blokujące w odpowiedzi na niepewność itp.)

Connie Gersick (specjalistka w zakresie zachowań organizacyjnych, 1991) podkreśla znaczenie uwzględnienia historii firmy w celu analizy granic jej zdolności do zmian. Ponadto, według Nilsa G.M. Brunssona (szwedzki ekonomista, 1982), proces zmiany rewolucyjnej charakteryzuje się zmianą perspektywy ze strony organizacji, co powoduje niepewność, demotywację i uniemożliwia przyrostowy charakter procesu zmian.

PODEJŚCIE PRZYROSTOWE DO CYKLU ŻYCIA

Jak widzieliśmy, to darwinowskie podejście jest inspirowane biologią: organizacja jest postrzegana jako żywy organizm, a wzrost jest postrzegany jako zjawisko naturalne. Z tej perspektywy zmiana organizacyjna obejmuje serię skumulowanych zmian przyrostowych. Organizacja może zaakceptować zmianę tak długo, jak długo jest ona ograniczona, natomiast znaczące zmiany są wynikiem niezauważalnej kumulacji małych modyfikacji. Teoria ta definiuje tradycyjną wizję zmiany jako procesu stopniowego i inkrementalnego, zorganizowanego wokół logicznych sekwencji zwanych fazami. Główny zwolennik tej teorii, James B. Quinn (1980), uważa, że zmiana jest sumą wielu małych zdarzeń, z których wszystkie wpływają na siebie.

Teoria cyklu życia jest stosunkowo stara i bardzo szeroko wykorzystywana w literaturze menedżerskiej. W niektórych przypadkach może być stosowana bardziej do zmian organizacyjnych niż do zmian strategicznych.

Mintzberg i Westley zauważyli w 1983 roku, że cykl życia organizacji jest zorganizowany wokół pięciu faz. Pierwsza faza to etap rozwoju, uosabiany przez wizjonerskiego przywódcę, który wyznacza cele. Druga faza to etap stabilności, charakteryzujący się planowaniem struktury organizacyjnej, wdrażaniem procedur i strukturyzacją organizacji. Po niej następuje etap adaptacji, który w odróżnieniu od etapu walki charakteryzuje się niewielkimi zmianami w strukturze organizacyjnej i strategii. Ten ostatni zmusza organizację do znalezienia nowego kierunku strategicznego. W organizacji obserwuje się wówczas zaburzenia, wyzwania, gry o władzę i kwestionowanie dotychczasowej struktury. Etap rewolucji obejmuje zmiany, które dotyczą strategii, kultury, struktur i jednostek w firmie. Mintzberg interesuje się zmianami inkrementalnymi i uznaje istnienie okresów gwałtownych, krótkich i intensywnych zmian w organizacji.

MODEL WZROSTU LARRY'EGO E. GREINERA

Aby opisać historię rozwoju firmy, Larry E. Greiner (1972) proponuje zidentyfikować wskaźniki z przeszłości organizacji, które mogą mieć kluczowe znaczenie dla jej przyszłego sukcesu.

Greiner uważa, że ważne jest poznanie historii firmy w celu zidentyfikowania kluczowych czynników sukcesu i wyników ekonomicznych w czasie. Twierdzi on, że zewnętrzne możliwości rynkowe determinują strategię firmy, która z kolei określa strukturę organizacji. Struktura ta jest kluczowa dla przyszłego wzrostu firmy.

Według niego każda organizacja w trakcie swojego istnienia przechodzi przez pięć dobrze zdefiniowanych faz. Każda faza charakteryzuje się stopniową zmianą, po której następuje kryzys przejściowy lub krótki okres rewolucji. To właśnie rozwiązanie tego kryzysu pozwala firmie przejść do kolejnej fazy.

Rys. 3 – Model wzrostu Greinera

Faza kreatywności

Ta pierwsza faza odpowiada wprowadzeniu firmy na rozwijający się rynek przez założycieli, którzy często są technikami lub przedsiębiorcami, niekoniecznie liderami czy nawet menedżerami.

Komunikacja wewnątrz organizacji jest częsta i nieformalna, założyciele i początkowi pracownicy nie liczą swoich godzin pracy i są na ogół zadowoleni ze skromnych wynagrodzeń. Podstawową motywacją jest udany start projektu. Ich obowiązki nie zawsze są jasno określone, każdy z nich ma do odegrania kilka różnych ról, a codzienne wyzwania realizują z entuzjazmem, często poprzez koleżeńskie mechanizmy decyzyjne: biorą aktywny udział w budowie organizacji. Ryzyko na tym etapie dotyczy zobowiązań i odejść członków organizacji (koncepcja *affectio societatis*), ponieważ nie trzeba wiele, aby zachwiać równowagę nowej struktury.

 ## Affectio Societatis

Ten łaciński termin odnosi się do relacji między osobami uczestniczącymi wspólnie w kapitale przedsiębiorstwa: wspólnie inwestują, dzielą się decyzjami, dzielą się korzyściami i ryzykiem itp. Co najważniejsze, **affectio societatis** zapewnia pewną harmonię, która - co logiczne - powinna trwać tak długo, jak długo spółka jest aktywna. Niestety, nie zawsze tak się dzieje.

Sytuacja ta prowadzi do **kryzysu przywództwa**. Ma on miejsce, gdy firma, po okresie wzroście i rozwoju, musi zrestrukturyzować swoją działalność w zakresie produkcji dóbr i usług, księgowości, zarządzania zasobami ludzkimi itp. zgodnie z zasadą "specjalizacji funkcji". Założyciele nie mogą w rozsądny sposób posiadać wszystkich niezbędnych umiejętności i, według Greinera, nie są w stanie motywować nowych pracowników w taki sam sposób, jak początkowy zespół. Ponadto mogą oni w rzeczywistości nie być skutecznymi, profesjonalnymi menedżerami i może im brakować zdolności do uchwycenia złożonych decyzji zarządczych.

Rozwiązaniem tego kryzysu jest zatrudnienie doświadczonych menedżerów, którzy wiedzą, jak wdrożyć wymagane struktury funkcjonalne. Operacja ta wiąże się jednak z ryzykiem, ponieważ założyciele i początkowi pracownicy mogą ulec pokusie zachowania pierwotnego ducha i nieformalnego charakteru organizacji (chęć zachowania władzy, kryzys samooceny spowodowany rozpoznaniem swoich ograniczeń itp.)

Faza kierunkowa

Jednostka przejęła władzę i kieruje organizacją, co pozwala jej na kontynuowanie wzrostu w bardziej formalnym środowisku i skupienie się na różnych działaniach, takich jak marketing i produkcja. Zaczynają pojawiać się bodźce finansowe w celu motywowania jednostek.

Przychodzi jednak czas, kiedy produkty i procesy stają się tak liczne, że niemożliwe jest, aby jedna osoba zarządzała wszystkim w ciągu jednego dnia. Czasami brakuje czasu; innym razem przepływ informacji (produktów i usług) do procesu jest zbyt duży. W rezultacie organizacja wchodzi w nowy okres kryzysu: autonomii. **Kryzys autonomii** związany jest z koniecznością tworzenia nowych struktur opartych na delegowaniu zadań, ale także z problemami finansowania związanymi ze wzrostem.

Rozwiązanie tego kryzysu wymaga nie tylko restrukturyzacji organizacji opartej na przekazaniu obowiązków przywódczych innym członkom firmy, ale także wejścia do organizacji kapitału krajowego i/lub zagranicznego.

Faza delegowania

Rozwiązanie kryzysu autonomii prowadzi do delegowania władzy z kierownictwa wyższego szczebla na menedżerów średniego szczebla. Menedżerowie ci mają swobodę szybkiego reagowania na szanse i zagrożenia wynikające z nowych produktów, rynków, konkurentów, technologii oraz pragnień i oczekiwań klientów. W ten sposób organizacja stale się rozwija.

Osoby wnoszące kapitał niekoniecznie same prowadzą firmę. W większości przypadków wyznaczają agenta, który ma ich reprezentować i zapewnić efektywne wykorzystanie ich kapitału.

Takie delegowanie może następnie doprowadzić do **kryzysu kontroli**. Dyrektorowi naczelnemu, który chce nadal samodzielnie rozwiązywać podstawowe problemy organizacji, trudno jest odpuścić. Jednak struktura organizacji stała się zbyt duża dla jednego lidera. W ten sposób, z dumy, wielu założycieli nieświadomie doprowadza do upadku swoich organizacji.

Rozwiązanie tego kryzysu wymaga przemyślanego delegowania, polegającego na tworzeniu stanowisk kierowników działów i nowych biur (departamentów lub filii). Aby ruszyć do przodu, konieczne będzie jasne przedefiniowanie celów, zadań i odpowiedzialności nowych liderów oraz wspieranie ich w nowych zadaniach.

Faza koordynacji

Wzrost jest kontynuowany przez jednostki biznesowe (działy lub filie w zależności od ich statusu prawnego) wydzielone i zreorganizowane w grupy produktów, usług i zasobów. W idealnej sytuacji cele są wspólne dla całej firmy, natomiast poszczególne działy, które również mają swoje cele, cieszą się względną autonomią.

Biurokracja staje się tak znacząca, że koszty negatywnie wpływają na wzrost organizacji. Rozwijając się w ten sposób, formalności administracyjne przesłaniają podstawową misję organizacji. W związku z tym faza ta może prowadzić do **kryzysu biurokracji lub biurokracji**, charakteryzującego się utratą elastyczności.

Aby przezwyciężyć ten kryzys, firma będzie musiała ustanowić nową kulturę - skupiając się na wizji i kluczowych zadaniach firmy - oraz wprowadzić nową, bardziej elastyczną, dostosowaną i motywacyjną strukturę.

Faza współpracy

W interesie redukcji kosztów i maksymalizacji zysków, fazy kierowania i koordynacji są napędzane przez nowe, inspirujące i motywujące przywództwo, zachęcające organizację do ponownego skupienia się na jej priorytetach. Awanse, rotacja stanowisk i szkolenia pozwalają ludziom wyróżniać się w pracy. Faza ta kończy się wewnętrznym kryzysem wzrostu. W szerszym ujęciu

Greiner sugerował, że wzrost przez współpracę może spowodować przyszły kryzys, ale w 1972 roku pozostał on niezdefiniowany.

Rozwój sytuacji w przyszłości

Ostatnio Greiner dodał do swojego oryginalnego modelu szóstą fazę. Sugeruje on, że dalszy wzrost będzie pochodził jedynie z outsourcingu (rozwijania partnerstwa z komplementarnymi organizacjami) działalności ponadpodstawowej organizacji.

Ta szósta faza, która pozwala na wzrost poprzez rozwiązania pozaorganizacyjne, ma kilka istotnych zalet:

- ponowne skoncentrowanie się firmy na jej podstawowych kompetencjach;

- zmniejszenie wielkości i złożoności zarządzania (redukcja etatów);

- ograniczenie kosztów (mniej kosztów stałych związanych z zatrudnieniem, a więcej kosztów handlowych, na które może wpłynąć konkurencja);

- zapewnienie jakości (usługodawca chce utrzymać swoją pozycję);

- większa elastyczność przedsiębiorstwa, które może zmieniać swoich partnerów wyższego (dostawców) i niższego (dystrybutorów) szczebla w zależności od własnych strategii rozwoju.

👁 Interpretacja programu rozwoju przedsiębiorczości

Każda organizacja przeżywa okresy względnej stabilności i okresy kryzysu. Ludzie, struktury i procedury, które wydawały się odpowiednie, gdy firma osiągnęła pewną wielkość lub wiek, nie są już odpowiednie, gdy organizacja rośnie i dojrzewa. Kierownictwo, świadome przeszłości swojej organizacji, może więc przewidzieć nadchodzący kryzys, przygotować się do niego, podejmując działania odpowiednie do osiągniętego etapu rozwoju, i w ten sposób przekształcić sytuację krytyczną w punkt wyjścia do nowej fazy wzrostu.

Nie wszystkie organizacje przeszły jeszcze przez te pięć faz. Niektóre, jeśli ustabilizują się na danym poziomie wielkości i złożoności, mogą pozostać bez końca w odpowiedniej fazie. Tylko europejskie, a zwłaszcza amerykańskie gigantyczne firmy znajdują się obecnie w ostatniej fazie Modelu Wzrostu Greinera. Jednak każda rozwijająca się organizacja powinna doświadczyć tych następujących po sobie okresów spokoju i kryzysu, przy czym szybkość przechodzenia z jednej fazy do drugiej zależy od tempa rozwoju firmy i jej branży.

W przypadku startupu (innowacyjnej firmy o dużym potencjale rozwoju, która wymaga znacznych inwestycji w celu sfinansowania jej szybkiego wzrostu), jeśli przedsiębiorca chce urzeczywistnić swój pomysł i zaoferować produkt lub usługę na rynku, powinien dysponować nie tylko środkami finansowymi, ale także umiejętnościami zarządzania niezbędnymi do uruchomienia, rozwoju i trwałości biznesu. Proces rozwoju startupu można podzielić w następujący sposób:

- narodziny pomysłu i poszukiwanie partnerów i/lub współpracowników;

- założenie projektu w nieznanym sobie miejscu oraz etapy informacji i promocji;

- zainteresowanie społeczeństwa oferowanym produktem lub usługą oraz początek problemów związanych z zarządzaniem zapasami i zaopatrzeniem;

- przekazanie uprawnień doświadczonym menedżerom w ślad za rozwojem firmy;

- firma staje się "zbyt duża", co prowadzi do problemów biurokratycznych, które uniemożliwiają rozwój firmy; jeśli nie zostaną wprowadzone zmiany w strategii, może to doprowadzić do jej upadku.

Właściwe wykorzystanie Modelu Wzrostu Greinera pozwala liderom przewidzieć kolejne kroki i zapewnić trwałość organizacji, wiedząc, że startupy zazwyczaj cieszą się czterema do ośmiu lat nieprzerwanego wzrostu bez większych problemów ekonomicznych czy poważnych zaburzeń wewnętrznych.

OGRANICZENIA I ROZSZERZENIA

OGRANICZENIA I KRYTYKA

Celem modelu wzrostu Greinera jest ostrzeżenie liderów biznesu o prawdopodobnym występowaniu kryzysów, z którymi ich firma zetknie się w trakcie swojego wzrostu. Teoria ta ma jednak swoje ograniczenia i spotkała się z wieloma krytykami:

- Po pierwsze, choć prawdą jest, że wiele organizacji zwykle zaczyna od niewyszukanych struktur organicznych, a kończy na bardzo wyrafinowanych, nierozsądne byłoby twierdzenie, że wszystkie organizacje koniecznie przechodzą przez każdą z tych faz. Niektóre przedsiębiorstwa popadają w stagnację, regres lub pomijają etapy, podczas gdy inne są wykupywane przez większe firmy lub bankrutują.

- Po drugie, ten scenariusz rozwoju firmy pozostaje zbyt teoretyczny. Do tej pory żadne badanie nie zidentyfikowało dokładnie progów krytycznych, w których dochodzi do uruchomienia kryzysów. Innymi słowy, model ten stanowi raczej ramy analizy niż narzędzie operacyjne.

- Model wzrostu Greinera nie rzuca światła na determinanty zmian ani na same procesy zmian. Co więcej, nie wyjaśnia przyczyn niepowodzeń, podłoża zmian ani sposobu, w jaki rozwijają się kryzysy.

- Model nie pozwala użytkownikom na analizę fazy, która następuje po dojrzałości, czyli etapu, na którym znajduje się większość obecnych przedsiębiorstw.

- Wreszcie, autor nie uwzględnia w swojej analizie interakcji pomiędzy poszczególnymi częściami organizacji ani przypadkowości tempa zmian.

POWIĄZANE MODELE I ROZSZERZENIA

Model równowagi punktowej (punctuated equilibrium)

Model ten czerpie z wymiaru historycznego, przyznając liderowi ograniczoną rolę w zarządzaniu zmianą. W ten sposób jest on podobny do szkoły woluntarystycznej w tym sensie, że uważa, iż większość systemów ma granice w zakresie dopuszczalnych zmian. Poza tymi granicami wzrost firmy ulega zasadniczej reorganizacji. Jest to sprzeczne z modelem stworzonym przez Greinera.

Myślicielami stojącymi za modelem równowagi punktowej byli w 1983 roku Elaine Romaneli (profesor zarządzania strategicznego i przedsiębiorczego) i Michael L. Tushman (specjalista od zarządzania strategicznego). Stwierdzają oni, że organizacja przeżywa długie okresy stabilności przeplatane okresami reorientacji strategicznej, które są traumatyczne dla firmy i jej interesariuszy. Charakteryzują oni strukturę rdzeniową firmy według pięciu wymiarów wartości firmy:

- produkty;
- rynki i technologie;
- podział władzy w organizacji;

* struktura organizacyjna;
* charakter i rodzaj kontroli.

Głównym orędownikiem teorii równowagi punktowej jest Connie Gersick, która stara się potwierdzić możliwość zastosowania tej teorii w dziedzinie zarządzania i biologii, na różnych poziomach analizy: jednostek, grup jednostek i przedsiębiorstw.

Inne rozszerzenia

W celu szczegółowej analizy operacyjnych procesów zmian organizacyjnych ekspert finansowy David Marsh (ur. 1952) opracował teorię zmian, która koncentruje się na codziennym życiu organizacji.

Według Andrew Pettigrew (profesor strategii i organizacji na Uniwersytecie w Oksfordzie, urodzony w 1944 r.), zmiana nie powinna być postrzegana jako specyficzny moment pomiędzy dwoma okresami stabilności, ale jako stale obecny element, który jest bardziej widoczny w czasach kryzysu. Dla autora proces zmiany organizacyjnej można zrozumieć, przyglądając się kulturze i polityce firmy. Podkreśla on fakt, że zmiana organizacyjna jest sformalizowaniem stopniowego procesu, który nie jest widoczny ani zaplanowany.

Ponadto Henry Mintzerg (1992) uważa, że istnieje konsensus stwierdzający, że uogólnienia są mniej wartościowe niż podkreślanie przypadków, okoliczności i kontekstów, w których potwierdza się hipotezy. Zmiana pochodzi z wyższych szczebli organizacji i jest wdrażana przez jej niższe szczeble.

PRAKTYCZNE ZASTOSOWANIE: KODAK

W styczniu 2012 r. światem fotografii wstrząsnął kryzys, gdy wiodący producent aparatów fotograficznych, firma Kodak, ogłosiła bankructwo. Jednak wszystko zaczęło się dobrze dla Eastman Kodak Company.

FAZA KREATYWNOŚCI

Po badaniach przeprowadzonych przez swojego założyciela George'a Eastmana (amerykański przemysłowiec, 1854-1932) grupa Kodak zgłosiła w 1885 roku patent na metodę i aparat do produkcji płyt emulsyjnych (nośników fotograficznych umożliwiających uzyskanie wysokiej jakości zdjęć). Wraz ze swoim hasłem "Ty naciskasz guzik, my robimy resztę", słynna marka Kodak pojawiła się po raz pierwszy w 1888 roku, kiedy to w Stanach Zjednoczonych pojawiły się pierwsze aparaty fotograficzne wykorzystujące film fotograficzny. Od tego momentu firma została uznana za innowacyjną: wprowadziła na rynek i spopularyzowała na całym świecie aparaty wykorzystujące kliszę fotograficzną oraz składane aparaty kieszonkowe.

Ta faza wzrostu doprowadziła do kryzysu przywództwa. Mając wiele fabryk i tysiące pracowników na całym świecie, William G. Stuber (amerykański menedżer, 1864-1959) zastąpił George'a Eastmana na stanowisku szefa grupy Kodak i pozostał na nim do 1934 roku. Po nim nastąpiło kilku innych doświadczonych menedżerów.

FAZA KIERUNKOWA

Do 1960 roku Kodak zatrudniał blisko 80 000 pracowników. Ekspresowy rozwój firmy trwał nadal dzięki wielu wynalazkom, w tym aparatowi cyfrowemu opracowanemu w 1975 roku przez amerykańskiego inżyniera Steve'a Sassona (urodzonego w 1950 roku). Produkt ten był wprowadzany na rynek słabo lub w ogóle nie wprowadzany, z obawy przed zaszkodzeniem lukratywnemu rynkowi klisz fotograficznych, który Kodak zdominował. Dla wielu obserwatorów to właśnie ta cyfryzacja miała później spowodować upadek tej międzynarodowej firmy. Przy sprzedaży przekraczającej 10 miliardów dolarów w 1981 roku, firma była znana nie tylko z aparatów fotograficznych, ale także z wykorzystania obrazów w dziedzinie rozrywki, telefonów, nauki, rozrywki i handlu.

W celu umocnienia swoich wpływów, Kodak nawiązał współpracę z *Compagnie Générale des Établissements Pathé Frères Phonographes & Cinématographes*, której właścicielem był Charles Pathé (francuski pionier przemysłu filmowego i nagraniowego, 1863-1957). Z tego związku powstała firma Kodak-Pathé, która miała stać za wieloma produkcjami filmowymi.

Firma nadal inwestowała w badania i rozwój, dlatego zatrudniała kilku inżynierów, ale także kilka szczebli kierownictwa. Stworzyło to podział między kierownictwem a laboratoriami badawczymi, co zaowocowało kilkoma niefortunnymi decyzjami strategicznymi. Menedżerowie nie dopuścili do wprowadzenia na rynek niektórych rewolucyjnych innowacji (czujniki obrazu CCD, cyfrowe promienie X, fotografia cyfrowa itp.) z obawy przed zagrożeniem wysokich marż ze sprzedaży klisz fotograficznych.

Kodak doświadczył kryzysu autonomii: wielu inżynierów opuściło firmę, by za zgodą byłego pracodawcy sprzedawać swoje wynalazki gdzie indziej.

FAZA DELEGOWANIA I KOORDYNACJI

Pomimo niewielkiego spadku, rozwój firmy trwał dzięki znacznym zasobom finansowym (za każdego sprzedanego dolara filmu fotograficznego Kodaka, badania otrzymywały pięć centów).

Następował kryzys kontroli: w laboratoriach panował względny leseferyzm; służby handlowe preferowały badania oparte na produktach, a nie na technologii czy potrzebach konsumentów; dyskusje i decyzje o wprowadzaniu innowacji na rynek trwały miesiącami, co oznaczało stratę cennego czasu. Zdarzało się, że przedstawiciele handlowi, którzy odrzucili innowację bez analizy, prosili naukowców o jej opracowanie kilka miesięcy później (kryzys biurokracji).

Aby rozwiązać ten kryzys kontroli, Colby H. Chandler został mianowany dyrektorem generalnym firmy Kodak w maju 1983 roku i pozostał na tym stanowisku do czerwca 1990 roku. Był on odpowiedzialny za redefinicję zadań i funkcji kierowniczych. Rozwiązanie kryzysu biurokracji byłoby widoczne dopiero po ogłoszeniu upadłości w styczniu 2012 roku.

FAZA WSPÓŁPRACY

Ograniczony przez wiele lat do lukratywnego rynku klisz fotograficznych, Kodak późno wszedł na rynek cyfrowy i nie odniósł sukcesu ze swoją linią produktów EasyShare. Od 2007 roku firma przeżywała trudności finansowe. W odpowiedzi na nie postanowiła sprzedać swoje patenty, zrestrukturyzować działy, nawiązać nowe partnerstwa, oddzielić się od kilku spółek stowarzyszonych na całym świecie i porzucić swoją tradycyjną działalność (klisze fotograficzne), aby bardziej skupić się na nowoczesnych technologiach (fotografia cyfrowa i kino).

Niestety, wszystkie te wysiłki nie przyniosły oczekiwanych rezultatów. W styczniu 2012 roku firma znalazła się pod ochroną amerykańskiego prawa upadłościowego. Rok po złożeniu wniosku o upadłość i zamknięciu 13 fabryk, Kodak rozpoczął pracę od nowa, zatrudniając 8 500 pracowników. Gotowa technicznie firma opracowała aplikacje (wciąż w fazie prototypu), które miały powrócić do centrum. Jednak, aby nieśmiałe ożywienie trwało, potrzebowaliby kilku innowacji oraz inspirujących i motywujących liderów.

W tej chwili Kodak oferuje wyjątkową linię drukarek atramentowych. Te drukarki nowej generacji posiadają skaner, który może służyć jako ksero i pozwalają na drukowanie po niższych kosztach w porównaniu z konkurencją, taką jak HP czy Epson.

PODSUMOWANIE

- Larry E. Greiner wykazał, że przedsiębiorstwo w trakcie swojego rozwoju doświadcza naprzemiennych faz wzrostu i kryzysu. Te okresy zmian są integralną częścią organizacji. Aby zapewnić jej trwałość, organizacja musi włączyć koncepcję cyklu życia i w pełni ją wykorzystać, aby czerpać korzyści i umacniać się na rynku.

- Pięć faz cyklu życia przedsiębiorstwa to:

    - kreatywność;

    - kierunek;

    - delegacja;

    - koordynacja;

    - współpraca.

- Pomimo niezaprzeczalnych podobieństw między cyklem życia biznesu a cyklem życia człowieka, niektóre firmy mogą nie doświadczyć ostatniej fazy cyklu wzrostu: upadku lub śmierci.

- Chociaż model wzrostu Greinera jest bardziej ramą analizy niż narzędziem operacyjnym, model równowagi punktowej pokazuje, że można wyjść poza te podejścia w zakresie poszczególnych cykli zmian, zwłaszcza w przypadku modelu stworzonego przez Andrew Pettigrew.

- Wreszcie historia Kodaka pokazuje, że innowacje i zmiany są kluczowymi czynnikami sukcesu firmy.

DALSZE CZYTANIE

BIBLIOGRAFIA

Atamer, T. i Calori, R. (1998) *Diagnostic et décisions stratégiques*. Paris: Dunod.

Barthélemy, J. (1999) L'externalisation : une forme organisationnelle nouvelle. *Actes de la huitième conférence de l'Association internationale de management stratégique*.

Demers, C. (2007) *Organizational Change Theories: A Synthesis*. Thousand Oaks: Sage Publications, Inc.

Desreumaux, A. (1996) Nouvelles formes d'organisation et évolution de l'entreprise. *Revue française de gestion*. pp. 86-108.

Deval, E. i Nury, G. (2009) *La notion de cycle biologique intégrée par le management*. Valence: Institut Supérieur Technologique Montplaisir.

Gersick, C. (1991) Revolutionary Change Theories: A Multilevel Exploration of the Punctuated Equilibrium Paradigm. *The Academy of Management Review*. Volume 16, pp. 10-36.

Giordani, Y. (1995) Management stratégique et changement organisationnel : quelles représentations? *Les nouvelles formes organisationnelles*. Paris: Economica. s. 161-179.

Gould, S. J. (1990) *The Panda's Thumb*. London: Penguin.

Greiner, L. E. (1972) Evolution and Revolution as Organizations Grow. *Harvard Business Review*. pp. 37-46.

Henriet, B. (1999) La gestion des ressources humaines face aux transformations organisationnelles. *Revue française de gestion.* pp. 82-93.

Lemaire, L. (2003) *Systèmes de gestion intégrés. Czy są to technologie ryzykowne?* Paris: Éditions Liaisons.

Mintzberg, H., Thomas, J. M. i Bennis, W.G. (1972) *Strategia Safari: Zarządzanie zmianą i konfliktem.* New York: The Free Press.

Peretti, J.-M. (1998) *Ressources humaines et gestion du personnel.* Paris: Vuibert.

Perret, V. (Bez daty) *Rythme et processus de changement : processus incrémental ou révolutionnaire.* Dossier Management du Changement et TIC. [Online]. [Dostęp 23 grudnia 2014]. Dostępny w: < http://dea128fc.free.fr/CoursA/A2-ManagementChangement&TIC/expo/valery/DEA128FC-Processus%20incr%E9mental%20et%20r%E9volution-naire.pdf>

Perret, V. i Josserand, E. (2003) *Le paradoxe. Penser et gérer autrement les organisations.* Paris: Éditions Ellipses.

Pettigrew, A. (1987) Context and Action in the Transformation of the Firm. *Journal of Management Studies.* 24(6), pp. 649-670.

Quinn, J. B. (1980) *Strategie zmian: Logical Incrementalism.* Homewood, Illinois: Richard D. Irwin, Inc.

Reix, R. (1990) L'impact organisationnel des nouvelles technologies de l'information. *Revue française de gestion.* s. 100-106.

Romanelli, E. i Tushman, M. (1996) Inertia, Environments and Strategic Choice: A Quasi-Experimental Design for

Comparative Longitudinal Research. *Management Science.* 32(5), pp. 608-621.

DODATKOWE ŹRÓDŁA

Mullins, L. J. (2016) *Zarządzanie i zachowania organizacyjne.* Edinburgh: Pearson.

Chcemy usłyszeć od ciebie!
Zostaw komentarz na temat swojej biblioteki online
i podziel się swoimi ulubionymi książkami w mediach społecznościowych

Master ISBN : 9782808066532
Papierowy ISBN : 9782808069328
Depozyt prawny: D/2022/12603/153

Projekt cyfrowy: Primento – cyfrowy partner wydawców.